CHAMBRE SYNDICALE

DES

HOTELIERS, RESTAURATEURS

CAFETIERS, LIMONADIERS

De la Ville de Lyon et de la Banlieue

Responsabilité des Hôteliers

RAPPORT

Présenté au Conseil central de l'Union des Chambres syndicales lyonnaises
par la Commission chargée d'examiner la demande
de la Chambre syndicale des Hôteliers relative à la responsabilité
des Hôteliers.

DOCUMENTS

LYON

TYPOGRAPHIE ET LITHOGRAPHIE J. GALLET

2, Rue de la Poulaillerie, 2.

1887

CHAMBRE SYNDICALE

DES

HOTELIERS, RESTAURATEURS

CAFETIERS, LIMONADIERS

DE LA VILLE DE LYON

et de la Banlieue

LYON, le 26 Mai 1887.

Monsieur le Député,

Nous avons l'honneur de vous adresser la délibération prise le 10 mai 1887 par le Conseil central de l'Union des Chambres syndicales lyonnaises au sujet de la responsabilité des Hôteliers.

Ainsi que vous le verrez, le Conseil central de l'Union émet le vœu de voir adopter par le Parlement la proposition de loi de MM. MONIS, FAURE, BIZARELLI et PASSY, déposée le 14 février 1887.

Nous venons, Monsieur le Député, vous prier de bien vouloir accorder l'appui de votre vote à cette proposition de loi.

L'adoption de ces dispositions, réclamée depuis longtemps, aura pour résultat, tout en sauvegardant les intérêts des voyageurs, de mettre un terme aux abus dont se plaint notre Corporation.

Aussi ne doutons-nous pas, Monsieur le Député, que vous n'accordiez à cette œuvre de justice et d'équité votre bienveillant concours.

Veuillez agréer, Monsieur le Député, l'assurance de notre considération la plus distinguée.

Alexis COROMPT,

Président de la Chambre syndicale des Hôteliers, Restaurateurs,
Cafetiers, Limonadiers de la Ville de Lyon et de la Banlieue,
Secrétaire de l'Union des Chambres syndicales lyonnaises.

RAPPORT

Présenté au Conseil central de l'Union des Chambres syndicales lyonnaises par la Commission chargée d'examiner la demande de la Chambre syndicale des Hôteliers relative à la responsabilité des Hôteliers.

(MM. Buffaud, Chalencon et Corompt)

Messieurs,

Dans sa séance du 4 mars 1887, le Conseil central a renvoyé à une Commission spéciale l'examen d'une demande de la Chambre syndicale des Hôteliers, Cafetiers, Restaurateurs, etc., de Lyon, concernant les modifications à apporter aux articles du Code civil, qui régissent la responsabilité des hôteliers.

Cette Commission a étudié la question et vient vous soumettre le résultat de son examen.

I.

Il est utile, tout d'abord, de rappeler le texte des articles du Code civil que la Chambre syndicale des Hôteliers demande à voir modifier ou plutôt compléter :

« Art. 1952. — — Les aubergistes ou hôteliers sont responsables comme
« dépositaires des effets apportés par le voyageur qui loge chez eux;
« le dépôt de ces sortes d'effets doit être regardé comme un dépôt néces-
« saire.

« Art. 1953 — Ils sont responsables du vol ou du dommage des effets du
« voyageur, soit que le dommage ait été causé par des domestiques et
« préposés de l'hôtellerie, ou par des étrangers allant et venant dans
« l'hôtellerie.

« Art. 1954. — Ils ne sont pas responsables des vols faits avec force
« armée ou autre force majeure. »

Dans les trois articles qui précèdent, deux termes attirent spécialement l'attention. D'abord le mot *nécessaire*, dont l'acception légale a une grande importance. En effet, le dépôt qualifié *nécessaire* est « celui qui a été forcé par quelque accident, tel qu'un « incendie, une ruine, un pillage, un naufrage ou autre événement « imprévu (1). » — L'assimilation du dépôt, dans les hôtelleries, au dépôt *nécessaire* a des conséquences importantes : en cas de vol, la preuve par témoins peut être admise, même lorsqu'il s'agit de valeur supérieure à 150 fr. (2), ce qui n'existe pas pour le dépôt ordinaire ou volontaire, où il faut une preuve par écrit ou un commencement de preuve par écrit (3).

Ensuite, pour que le dépôt ordinaire soit valable, il faut que la chose déposée ait passé effectivement entre les mains du dépositaire. Or, dans le dépôt *nécessaire* créé par l'article 1952, il suffit que la chose ait été *apportée* dans l'hôtellerie. Par conséquent, une des conditions essentielles du dépôt, c'est-à-dire la tradition réelle, n'est pas remplie.

En second lieu le mot *effets*, qu'emploient les articles 1952 et 1953, a, par la jurisprudence, acquis une signification des plus larges. Le législateur de l'an XII voulait sans doute entendre par *effets*, les objets nécessaires pour les besoins du voyage : vêtements, bijoux usuels, argent. La jurisprudence y a fait comprendre les *effets de commerce*, les *billets de banque*, les *valeurs au porteur*, etc. — Or, les billets de banque et les valeurs au porteur n'existaient pas au moment de la promulgation du Code civil ou du moins n'avaient pas la circulation intense qu'ils ont aujourd'hui. — La jurisprudence en devenant si compréhensive a donc encore aggravé ce qu'il y avait déjà d'excessif dans les dispositions du Code sur la responsabilité des hôteliers.

Quelle est l'étendue, quelles sont les limites de la responsabilité des hôteliers ? Le Code est muet à cet égard. L'article 1954 ne les

(1) Code civil. — Art. 1949.
(2)   Id.   — Art. 1848, n° 2.
(3)   Id.   — Art. 1923.

exonère que dans le cas de vol à force armée ou autre force majeure ;
pour tous les autres cas, la responsabilité est à peu près illimitée.
— De nombreux arrêts et jugements ont été rendus depuis l'an XII.
Les uns penchent pour la responsabilité totale, les autres pour une
responsabilité atténuée par la négligence des voyageurs ou par
toute autre circonstance dont le juge a l'appréciation.

Si l'on remarque que le nombre des décisions judiciaires rendues
dans un sens ou dans l'autre est à peu près égal, on voit qu'il ne
faut pas espérer de la jurisprudence la fixité de la doctrine. Ces
variations ne peuvent pas trop surprendre puisque l'étendue de la
responsabilité est laissée à la discrétion des tribunaux qui décident
suivant les circonstances de chaque affaire.

Le texte de ces articles, qui pouvait bien convenir lorsque les
voyages n'avaient pas la fréquence qu'ils ont aujourd'hui, lorsque
les voyageurs étaient peu nombreux et presque toujours connus des
hôteliers, et, quand enfin, il n'existait pas de moyen de renfermer
sous un petit volume, une véritable fortune, comme cela a lieu
actuellement, ne répond plus à l'état de choses nouveau. Un grand
nombre de bons esprits croient qu'une modification de notre légis-
lation est indispensable sur ce point pour la mettre d'accord avec
un ordre de choses qui n'existait pas en l'an XII.

II.

Les hôteliers ne cherchent point à éluder la responsabilité qui
leur incombe et qui est indispensable à la sécurité des voyageurs;
ils demandent seulement que cette responsabilité soit définie et
qu'ils ne soient plus exposés aux atteintes d'une déclaration faite
de mauvaise foi, mais cependant assez habilement présentée pour
surprendre quelquefois la religion du juge.

Depuis assez longtemps des efforts ont été faits pour obtenir
du Parlement une réforme dans ce sens. En 1881, MM. Lisbonne
et Gatineau, déposèrent snr le bureau de la Chambre des Députés
une proposition de loi tendant à modifier les articles 1952 et 1953

du Code civil. Cette proposition, objet d'un rapport de M. Bizarelli, concluant à la prise en considération, ne put venir en discussion en temps utile, et devint caduque par l'expiration de la législature.

Cette proposition de loi, reprise par MM. Monis, Bizarelli, Frédéric Passy et Fernand Faure, a été présentée à la Chambre le 14 février 1887 (annexe n° 1539).

Aux termes de cette proprosition, il serait ajouté à l'art. 1954, les paragraphes suivants :

« *Pareillement, ils ne sont pas responsables des vols portant sur* « *les valeurs ou objets précieux de toute nature que les voyageurs* « *n'auraient pas déposés aux mains de l'hôtelier.*

« *La limite de garantie desdites valeurs ou objets précieux non* « *déposés est fixée à mille francs.* »

Comme le font observer les auteurs de la proposition de loi, pour ce qui concerne les valeurs dépassant mille francs, le voyageur ne pourrait les faire garantir qu'au moyen d'un dépôt *volontaire, effectif*, entre les mains de l'hôtelier.

Il n'y a rien en ceci qui soit exagéré; il y a, au contraire, manque d'équité dans le fait de vouloir rendre responsable de valeurs souvent considérables, les hôteliers qui ne se doutent même pas de l'existence de ces valeurs.

La Commission fait d'ailleurs remarquer que la responsabilité des hôteliers touchant les vêtements, les bijoux usuels, reste entière.

Enfin, la proposition de loi laisse intacte les règles de la responsabilité directe ou indirecte résultant notamment des articles suivants du Code civil.

« ART. 1382. — Tout fait quelconque de l'homme qui cause à autrui un « dommage, oblige celui par la faute duquel il est arrivé, à le réparer. « ART. 1383. — Chacun est responsable du dommage qu'il a causé, non- « seulement par son fait, mais encore par sa négligence ou par son im- « prudence.

« Art. 1384. — On est responsable, non-seulement du dommage que
« l'on cause par son propre fait, mais encore de celui qui est causé par
« le fait des personnes dont on doit répondre ou des choses que l'on a
« sous sa garde. »

III.

Un membre de la Commission objectait qu'en l'état actuel, les
hôteliers pourraient décliner la responsabilité illimitée dont ils se
plaignent, s'ils apposaient des affiches indiquant que le maître
d'hôtel n'entend répondre que des objets et valeurs directement
déposés en ses mains.

Cette précaution peut avoir quelque utilité, et, le cas échéant,
peut faire incliner le juge à atténuer la responsabilité totale des
hôteliers. Mais il a été jugé (*Cassation, 11 mai 1846*) que ces affiches étaient sans valeur et ne pouvaient prévaloir contre le texte
impératif de l'article 1952, et que l'hôtelier était absolument responsable des objets même qui ne lui étaient pas remis.

Un autre membre de la Commission a fait observer que si le
voyageur était tenu de *déclarer* les valeurs qu'il a avec lui, cette
déclaration éveillerait l'attention de l'hôtelier, et provoquerait de
sa part une surveillance d'autant plus sévère, que les valeurs
déclarées seraient plus importantes.

Cette manière de voir avait d'abord été adoptée par MM. Lisbonne
et Gatineau dans la proposition de loi présentée en 1881. Mais un
membre de la Commission d'initiative parlementaire fit observer que
la déclaration serait *inutile* et *imprudente* ; *inutile*, puisque, si elle
n'est pas suivie de dépôt, elle ne constituerait aucune garantie ;
imprudente, parce qu'elle attirerait l'attention des domestiques
infidèles et des malfaiteurs. En outre, nous ajouterons qu'elle
pourrait être fausse, et donner lieu, par suite, à une réclamation
frauduleuse qu'elle faciliterait.

MM. Lisbonne et Gatineau se sont rendus à l'opinion ci-dessus,
M. Monis et ses collègues les ont imités.

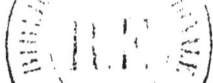

En résumé, Messieurs, votre Commission estime qu'après comme avant l'adoption du texte de loi présenté par MM. Monis, Bizarelli, Frédéric Passy, Fernand Faure, les intérêts des voyageurs seront pleinement sauvegardés et prie le Conseil central de l'Union de bien vouloir appuyer auprès des pouvoirs publics la proposition de loi précitée, qui donne satisfaction aux justes réclamations des hôteliers.

Lyon, 29 avril 1887.

Alexis COROMPT.

Ce rapport, discuté dans la séance du 10 mai 1887, a été approuvé, à l'unanimité, par le Conseil central de l'Union des Chambres syndicales lyonnaises, et l'envoi aux pouvoirs publics en a été décidé.

Pour extrait conforme :

Le Secrétaire, membre du Conseil Central,

Signé : A. COROMPT.

DOCUMENTS

Nous reproduisons ci-après la substance des arrêts et jugements cités plus haut :

RESPONSABILITÉ ÉTENDUE

Paris, 7 mai 1838. — La responsabilité des hôteliers n'est pas limitée aux linges et vêtements apportés par les voyageurs ; elle s'étend aussi à l'argent que le voyageur est présumé, d'après sa position sociale et les circonstances de la cause, avoir eu en sa possession au moment du vol.

NOTE. — *Il s'agissait d'un sieur Dessessards, notaire, à Saint-Amand, descendu à l'hôtel des Etrangers, à Paris, tenu par Mercier. — Pendant son séjour, il reçut par les Messageries 7,500 fr., dont 1,000 fr. lui furent remis par l'hôtelier. Quelques jours après, Dessessards, ouvrant son secrétaire, s'aperçut qu'une somme de 1,800 fr., reliquat de ses fonds, lui avait été volée. On constata que le secrétaire avait été ouvert à l'aide d'une pesée. — Il actionna l'hôtelier, qui fut condamné à rembourser les 1,800 francs. (Dalloz, Jurisp. gén., Dépôt, 174.)*

Paris, 26 décembre 1838. — La responsabilité des aubergistes et hôteliers, quant aux effets des voyageurs logés chez eux, s'étend, même sans déclaration de la part du voyageur, aux valeurs considérables que

RESPONSABILITÉ ATTÉNUÉE

Paris, 2 avril 1811. — L'aubergiste n'est pas responsable du vol d'argent et de bijoux qu'un voyageur a déposés dans son hôtel, si celui-ci ne les lui a ni déclarés, ni fait vérifier, et surtout s'il n'a pas fait usage d'une armoire fermant à clef où il eut pu mettre en sûreté les objets prétendus volés.

NOTE. — *Il s'agissait d'un vol d'argent et de bijoux comme en 1809, au préjudice d'un sieur Halinbourg, logé dans l'hôtel Noeilferdin, à Reims. (Dalloz, Jurisp. gén., Dépôt 175.)*

Paris, 21 novembre 1836. — La responsabilité s'applique seulement aux effets que les voyageurs portent avec eux pour la nécessité du voyage, et elle ne peut s'étendre aux valeurs considérables dont les voyageurs

RESPONSABILITÉ ÉTENDUE

le voyageur pouvait conserver sans imprudence, eu égard à sa fortune et à ses besoins.

NOTE. — *Il s'agissait d'une somme de 2,400 francs, en or, volée en décembre 1837 au sieur Wright, négociant anglais, logé à l'hôtel de l'Europe, à Paris, tenu par le sieur Yon. — Actionné en restitution, le sieur Yon opposa que si les hôteliers sont responsables de sommes peu considérables, pour des valeurs importantes ils ne sont responsables que si déclaration leur en a été faite par le voyageur. — Le Tribunal, puis la Cour, l'ont néanmoins condamné à rembourser.* (Dalloz, *Jurisp. gén.*, Dépôt 174.)

Paris, 29 août 1844. — L'hôtelier est responsable de la perte des objets de prix et d'un petit volume, tel que des bijoux apportés dans l'hôtel, sans déclaration préalable des voyageurs auxquels ils appartiennent; l'hôtelier imputerait à tort la perte de ces objets à la faute ou à la négligence du voyageur, en ce qu'au lieu de les tenir sous clef, il les laissait déposés dans un coffret placé sur la cheminée de la chambre à coucher, si la situation de cette chambre et les habitudes présumées de l'hôtel n'impliquaient dans ce fait aucune imprudence.

RESPONSABILITÉ ATTÉNUÉE

se trouvent porteurs, qu'autant qu'ils en ont prévenu les hôteliers ou aubergistes; en conséquence , si un voyageur n'a pas fait connaître à un aubergiste l'importance d'une somme d'argent qu'il a apportée chez lui, ce dernier ne doit, en cas de vol de cette somme, être déclaré responsable que jusqu'à concurrence de la somme qui, d'après l'appréciation des juges, est présumée avoir fait partie du bagage nécessaire au voyageur.

NOTE. — *Il s'agissait, en l'espèce, de deux jeunes docteurs anglais , Blan-Wood et Fearnley, se rendant à Heidelberg pour leurs études. Ils s'arrêtent quelques jours à Paris dans un hôtel garni et tenu par une dame D. — Ils déposent une somme d'argent dans un secrétaire; puis déclarent qu'elle leur a été volée, et demandent le remboursement de 1,075 francs à la dame D. — Le Tribunal, puis la Cour, repoussent leur demande et leur accordent 500 fr.* (Dalloz, *Jurisp. gén.*, Dépôt 175.)

Grenoble, 13 août 1813. — Le vol d'un coffre, contenant des objets précieux et laissés sous la remise de l'hôtelier et sur la voiture du voyageur sans que celui-ci en ait averti l'hôtelier, reste à la charge du voyageur coupable de négligence. (Affaire Bordier contre Monessy. — Dalloz, *Jur. gén.*, Dépôt 175.)

RESPONSABILITÉ ÉTENDUE

NOTE. — *M. et Mme de Magnoncourt et leurs deux domestiques occupaient un appartement de 860 francs par mois à l'hôtel du Rhin. — Une boîte contenant quelques bijoux fut volée dans leur appartement. — L'hôtelier, M. Martin, fut actionné en indemnité de 2,000 francs. — M. Martin, outre les raisons mentionnées plus haut, fit valoir que le volé avait des domestiques particuliers. — Le Tribunal, puis la Cour, rejeta son opposition et le condamna à payer 1,800 francs.* (D. P. 46, 2, 84.)

Cassation, 11 mai 1846. — Les maîtres et notamment les hôteliers, sont responsables du dommage que leurs domestiques ont causé dans l'exercice du service qu'ils leur ont confié, encore bien qu'ils n'aient pas pu empêcher le fait qui donne lieu à la responsabilité; et spécialement, que les hôteliers sont responsables du vol d'objets de prix, tels que des brillants, commis chez eux par leurs domestiques, au préjudice d'un voyageur, encore bien qu'il y aurait eu imprudence de la part de ce dernier, en ce que, par exemple, il aurait laissé ces objets dans un habit qu'il remettait à un domestique pour le nettoyer, et qu'il aurait négligé l'avis donné aux voyageurs et affiché dans les chambres de l'hôtel, de remettre au maître de la maison les objets précieux apportés en voyage.

NOTE. — *M. Harris avait laissé dans le gousset de son gilet, 200 carats de diamants qui lui furent volés par le domestique de l'hôtel. — Le Tribunal civil de Boulogne et la Cour de Douai, n'avaient pas admis son*

RESPONSABILITÉ ATTÉNUÉE

Rouen, 4 février 1847. — Si l'aubergiste ne peut s'affranchir de la responsabilité des vols commis dans son auberge, en alléguant les précautions qu'il a prises pour la sûreté des effets des voyageurs, ou le défaut de déclaration de ces effets, le fait du voyageur ne doit point aggraver cette responsabilité.

Et spécialement, le voyageur qui, tout en négligeant de tenir compte de l'avertissement qu'il a reçu de retirer, durant la nuit, la clef de la porte de sa chambre, laisse sur la cheminée des valeurs importantes, doit, en cas de vol de ces objets, supporter une partie de la perte dont il a été ainsi indirectement la cause : l'aubergiste ne peut dès lors être condamné qu'à une indemnité à arbitrer par les tribunaux, et non au remboursement de la valeur intégrale des objets volés.

NOTE. — *Le sieur Leroux, de Paris, était descendu le 16 juillet 1845, à Rouen, dans un hôtel tenu par le sieur Delannoy. Il oublia de retirer sa clef, et s'aperçut le lendemain matin qu'on lui avait volé, sur la cheminée,*

RESPONSABILITÉ ÉTENDUE

action en restitution, mais la Cour de Cassation cassa l'arrêt et décida comme ci-dessus.

C'était la première fois que la Cour de Cassation avait à fixer le sens de l'art. 1952.

RESPONSABILITÉ ATTÉNUÉE

sa montre, une chaîne en or, son portefeuille qui contenait 3,000 fr. en billets de banque, 4,539 francs d'effets non escomptés et l'original d'un titre de 60,000 francs sur une personne habitant les colonies.

Il actionna l'hôtelier en remboursement de 7,539 francs et en garantie du titre de 60,000 francs.

L'hôtelier avait fait placer, dans toutes les chambres, un avis ainsi conçu : « MM. les voyageurs sont ins-
« tamment priés de ne pas laisser
« leur clef de chambre sur la porte
« et de tenir celle-ci fermée lorsqu'ils
« s'absentent. Il leur est recommandé
« de prendre sur eux les clefs des meu-
« bles qui contiennent leurs effets.
« L'hôtelier n'entend jamais être res-
« ponsable d'une valeur supérieure à
« 200 francs. Plutôt que d'accepter
« une responsabilité plus grande, le
« propriétaire de l'hôtel se priverait
« de recevoir les personnes qui ne
« voudraient pas souscrire à ces con-
« ditions. »

(Inséré dans le n° du 20 mai 1843 du journal « Le *Messager des maisons et des hôtels meublés*, publié par l'Agence générale de placement, galerie Vivienne, 70.)

L'hôtelier se retrancha derrière la teneur de cette affiche.

Le Tribunal de Rouen lui donna gain de cause, mais la Cour le condamna à payer, pour toute indemnité, la somme de 1,000 francs.

Paris, 30 avril 1850. — Le voyageur doit prouver que le vol dont il se plaint a été commis dans l'hôtel où il est reçu pour que l'hôtelier soit responsable.

RESPONSABILITÉ ÉTENDUE

RESPONSABILITÉ ATTÉNUÉE

NOTE. — *Il s'agissait, dans l'espèce, d'un sieur Goettig, de Mayence, venu à Paris, en 1847, hôtel Bayeux, rue Thévenot. Il déclara qu'une somme de 2,750 francs lui avait été volée dans son secrétaire, et actionna M. Bayeux, propriétaire de l'hôtel, en remboursement.*
Le Tribunal de la Seine condamna M. Bayeux à rembourser les 2,750 fr.
— Mais la Cour de Paris infirma le jugement, attendu « que Goettig est « demandeur; qu'il doit clairement « établir la preuve des faits sur les- « quels reposent ses conclusions; que « loin de là, les circonstances par « lui alléguées ne sont pas incompa- « tibles avec la possibilité qu'il ait « perdu ses valeurs en les portant au « dehors dans son portefeuille. » — (Dalloz, 1850, 2, 170.)

Tribunal civil de Rouen, 21 mars 1883. — Le propriétaire d'un établissement de bains publics est responsable, comme dépositaire nécessaire, des vols commis au préjudice des baigneurs.

NOTE. — *Spécialement du vol d'objets précieux (dans l'espèce une montre et sa chaîne en or) remis à une personne particulièrement chargée d'en recevoir le dépôt et de délivrer en échange un ticket numéroté.*
Alors surtout que, par suite d'une faute lourde de l'employé préposé à l'ouverture des cabines, le voleur est parvenu à se faire ouvrir celle dans laquelle le baigneur avait laissé son ticket, s'est emparé de ce ticket et s'en est servi pour se faire remettre au bureau de dépôt les objets de prix déposés. (D. P. 84, 3, 8.)

Caen, 17 décembre 1875. — Le propriétaire d'un établissement de bains n'est pas responsable du vol de l'argent des baigneurs laissé par eux dans leur cabine.

...... Alors surtout qu'une affiche avertit qu'il n'entend pas être responsable des valeurs ou objets de prix laissés dans les cabines et qu'il a établi un bureau spécial de dépôt.
Ce propriétaire n'est pas non plus responsable du portefeuille remis au bureau de dépôt, alors que le baigneur, au lieu d'attacher le ticket à son caleçon, l'a laissé dans sa cabine, où un voleur l'a pris et s'en est servi pour se faire remettre le portefeuille par la personne préposée au bureau du dépôt.

NOTE. — *Il s'agissait, dans l'espèce, de deux baigneurs, les sieurs Walter*

| RESPONSABILITÉ ÉTENDUE | RESPONSABILITÉ ATTÉNUÉE |

et Bunel, qui étaient entrés dans l'enceinte des bains de la ville de Trouville. Walter avait déposé dans sa cabine son porte-monnaie contenant 15 francs, qui lui avaient été dérobés. — La Cour a repoussé sa demande en remboursement. (Voir les deux premiers paragraphes ci-dessus.)

Walter et Bunel avaient aussi remis au bureau des Dépôts un portefeuille contenant 900 francs ; en échange, on leur avait remis un ticket de bain, que le voleur a dérobé, et à l'aide duquel il a retiré le portefeuille. (D. P. 76. 2. 190.)

www.ingramcontent.com/pod-product-compliance
Lightning Source LLC
Chambersburg PA
CBHW050357210326
41520CB00020B/6358